М'хамед Джамили

Творческие преподаватели EFL и академические достижения студентов

AF144455

М'хамед Джамили

Творческие преподаватели EFL и академические достижения студентов

Исследование на примере преподавателей EFL в марокканских средних школах

Imprint

Any brand names and product names mentioned in this book are subject to trademark, brand or patent protection and are trademarks or registered trademarks of their respective holders. The use of brand names, product names, common names, trade names, product descriptions etc. even without a particular marking in this work is in no way to be construed to mean that such names may be regarded as unrestricted in respect of trademark and brand protection legislation and could thus be used by anyone.

Cover image: www.ingimage.com

This book is a translation from the original published under ISBN 978-3-330-32643-9.

Publisher:
Sciencia Scripts
is a trademark of
Dodo Books Indian Ocean Ltd. and OmniScriptum S.R.L publishing group

120 High Road, East Finchley, London, N2 9ED, United Kingdom
Str. Armeneasca 28/1, office 1, Chisinau MD-2012, Republic of Moldova, Europe
Printed at: see last page
ISBN: 978-620-7-39375-6

Оглавление

Аннотация

В настоящем исследовании предпринята попытка показать, как креативность, методы, приемы и виды деятельности, используемые преподавателями EFL в старших классах, могут положительно повлиять на успеваемость их учеников. Основная гипотеза, лежащая в основе данного исследования, гласит, что преподаватели EFL, с особым акцентом на преподавателей EFL, практикующих в марокканских средних школах, могут оказать положительное влияние на успеваемость своих учеников, если они используют методы, приемы и виды деятельности, которые делают обучение учеников осмысленным и приятным, и, следовательно, повышают результаты их обучения. В данном исследовании используется смешанный метод, а в качестве основных инструментов сбора данных применяются наблюдение за классом и анкетирование. Выборка состоит из шести учителей английского языка как иностранного в средней школе и 233 учеников средней школы относительно одинакового возраста и уровня образования. Полученные данные анализируются в свете исследовательских вопросов, сформулированных в главе "Методология". Таким образом, в ходе анализа делается попытка выявить степень влияния творческих учителей английского языка на успеваемость учащихся, а также общие методы обучения, приемы и виды деятельности, которые помогают учителям быть более эффективными и творческими в своих классах.

Ключевые слова: Преподаватели EFL, креативность, успеваемость студентов, методы, деятельность, приемы.

Благодарность

Моему покойному отцу (да благословит Господь его душу)

Введение

Понятие о том, что значит быть хорошим преподавателем EFL, представляется очень сложным. Являются ли хорошими преподавателями те, кто имеет хорошую квалификацию, владеет английским языком и может передать своим ученикам знания и навыки, которые они приобрели и развили в процессе своего академического и/или профессионального образования? Или это те, кто предан своему делу, кто может увлечь и мотивировать своих учеников и кто стремится помочь своим ученикам преуспеть? широко востребованы в каждом классе английского языка? Или они сочетают в себе все эти и другие характеристики?

Но как насчет творчества в преподавании? Разве творчество не является важной характеристикой хорошего учителя? Чтобы ответить на этот вопрос, нужно понять, что значит быть творческим учителем. Творческий учитель - это просто тот, кто умеет мастерски черпать идеи из всевозможных источников и использовать творческие подходы. Но для чего? И в чем разница между хорошим и творческим учителем? Настоящее исследование попытается ответить на эти вопросы. Однако главная причина проведения этого исследовательского проекта - выяснить, как отсутствие креативности в преподавании учителей EFL в марокканских средних школах или их низкий уровень креативности снижает результаты обучения студентов.

Поэтому данное исследование направлено на изучение влияния творческих преподавателей EFL на успеваемость их студентов. С акцентом на творческий подход к преподаванию, исследование пытается показать, в какой степени творческие преподаватели могут повлиять на результаты обучения своих студентов, а также определить наиболее часто используемые методы обучения, приемы и виды деятельности творческих преподавателей EFL в марокканских средних школах.

В связи с этим исследование построено на предположении, что творческий подход преподавателей и методы обучения, приемы и виды деятельности, используемые творческими преподавателями EFL, повышают результаты обучения студентов в марокканских средних школах.

Таким образом, цель данной работы - поставить, изучить и ответить на следующие исследовательские вопросы:

- Влияют ли творческие учителя EFL на успеваемость своих учеников в марокканских средних школах?
- Какие приемы, методы, виды деятельности и стратегии используют творческие преподаватели EFL в марокканских средних школах?

Настоящее исследование состоит из трех основных глав. В первой главе, теоретически ориентированной, исследование рассматривается в теоретическом контексте. Поэтому ключевые понятия данного исследования, а именно "творчество" и "творческие учителя", которые имеют решающее значение для рассматриваемой темы, будут подробно рассмотрены. В этой главе также будут рассмотрены методы обучения и виды деятельности, которые могут быть творчески использованы преподавателями EFL. Во второй главе будет изложена методология исследования: вопросы исследования, гипотеза исследования, исследовательский подход, процедуры сбора и анализа данных, выборка населения, а также основные переменные исследования. В третьей главе исследования будет проведен анализ собранных данных. В этой связи будут проанализированы данные, собранные в ходе наблюдения за классом, отчеты об успеваемости студентов, а также анкеты в попытке найти ответы на вопросы, поставленные в данном исследовании. Таким образом, в главе будет сделана попытка выяснить, могут ли творческие преподаватели EFL повысить результаты обучения своих студентов, а также определить общие методы преподавания, приемы и виды деятельности, используемые творческими преподавателями EFL в марокканских средних школах,

ГЛАВА 1

Обзор литературы

■ Введение

В этой главе представлена теоретическая основа данного исследовательского проекта. Ее основная цель - определить ключевые переменные данного исследования, а именно "креативность" и "креативные учителя", которые имеют решающее значение для понимания рассматриваемой темы. В связи с этим глава начинается с попытки дать определение креативности по мнению многих авторов. Затем обсуждаются основные характеристики и качества творческих учителей, а также некоторые эффективные методы и виды деятельности, используемые творческими преподавателями EFL.

А. Что такое творчество?

Большинство людей, когда слышат слово "творчество", думают о певцах, художниках, дизайнерах или вообще о тех, кто врожденно одарен или обладает потенциалом изобретать интересные вещи, которые еще никогда не были созданы. Творчество, несомненно, представлено во многих аспектах человеческой жизни. Это процесс установления связей и, иногда, продуктивность, создание чего-то нового из этих связей (Gardner, 1993). Однако креативность может быть определена на многих различных уровнях: когнитивном, интеллектуальном и духовном. Общее определение креативности из словаря Вебстера гласит: "Креативность характеризуется способностью или силой создавать - приводить в существование, придавать новую форму, производить тщательное мастерство воображения, делать или привносить в существование что-то новое". В целом, по мнению Стернберга и Любарта, "креативность - это способность производить работу, которая является одновременно и новой, и подходящей" (Sternberg & Lubart, 1999). В преподавании английского языка, например, креативность обычно рассматривается как качество и/или умение человека придумать что-то действительно новое и оригинальное с помощью воображения и навыков мышления более высокого порядка. Это жизненно важный навык и/или качество среди всех педагогических навыков и способностей, необходимых каждому учителю для решения частых проблем, с которыми он сталкивается в классе, не только с помощью воображения и навыков мышления более высокого порядка, но и путем дальнейшего размышления, чтобы придумать новые идеи, из разных источников, с помощью новых и разных стратегий - это мышление вне рамок.

"В процессе творчества или решения проблем творческим путем мы часто ходим по бесконечным кругам, пытаясь ухватиться за какую-то идею. Иногда ответ или решение находится прямо перед нашими глазами, но мы не можем его увидеть. Чтобы найти решение, найти недостающий фрагмент, решить проблему, нам нужно просто взглянуть на что-то знакомое по-новому и по-другому" (Wilson. L, 2014)

B. Творческие преподаватели EFL:

За последние несколько десятилетий было проведено множество исследований, посвященных креативности в целом и креативным преподавателям EFL в частности. Учитель, как центральная фигура в классе, должен иметь глубокое понимание своей собственной креативности. Кроме того, он должен владеть некоторыми творческими подходами и репертуаром эффективных и увлекательных занятий, которые, конечно же, должны идеально соответствовать предпочтениям, потребностям и стилям обучения учащихся. Творческие учителя - это те, кто использует в своих классах эклектичный выбор методов, приемов, видов деятельности и стратегий обучения. Иными словами, они выбирают методы и процедуры не хаотично, а в зависимости от интересов, потребностей и стилей обучения своих учеников.

Несомненно, творческий подход учителя имеет огромное значение для того, чтобы сделать учеников самостоятельными и независимыми учениками, а также повысить их способность создавать или придумывать что-то новое и оригинальное. Ученикам нужен творческий учитель, чтобы облегчить их обучение, сделать его более интересным и приятным, а также мотивировать их учиться и решать проблемы самостоятельно. Однако для более эффективного преподавания учитель может быть (если не творческим, то инновационным) в том смысле, что он/она внедряет новые вещи в классе. Здесь возникает вопрос: в чем разница между творчеством и инновациями? Креативность, как уже говорилось, - это способность создавать работу, которая является одновременно и новой, и подходящей (Sternberg & Lubart, 1999). С другой стороны, инновации означают использование или реализацию новых идей в своих интересах. Например, в преподавании, которое является основной темой данного исследования, учитель может использовать новые инструменты, такие как технологические средства (ИКТ), в классе, чтобы облегчить процесс обучения и преподавания.

C. Качества творческих преподавателей EFL:

Творчество зависит от способности анализировать и оценивать ситуации и находить новые способы реагирования на них. Это, в свою очередь, зависит от целого ряда различных способностей и уровней мышления (J.C Richard.2013.5). Творческие учителя наделены множеством личных и педагогических качеств и квалификаций, которые делают их особенными в своих классах. Несомненно, все мы помним учителей, которые будоражили наше воображение, вдохновляли нас своими индивидуальными и особенными стилями преподавания, умели эффективно и ловко справляться с любыми ситуациями в классе, а также тех, кто использовал эклектичные методы и множество увлекательных и эффективных занятий в обучении отдельных учеников с различными потребностями, интересами и стилями обучения. По мнению Дж. К. Ричарда в его исследовании "Творчество в языке

Преподавание", есть восемь основных аспектов, которые характеризуют некоторые качества творческих учителей:

- Творческие преподаватели знают свое дело.
- Творческие учителя уверены в себе.
- Творческие преподаватели стремятся помочь своим ученикам добиться успеха и прогресса.
- Творческие преподаватели владеют широким спектром педагогических стратегий и техник.
- Творческие преподаватели стремятся проводить уроки, ориентированные на   ученика.
- Творческие преподаватели   рефлексируют.
- Креативные преподаватели - это   те, кто рискует.
- Творческие преподаватели -   нонконформисты.

D. Методы и подходы к обучению, применяемые творческими преподавателями:

Творческие учителя используют разнообразные методы обучения и широкий спектр ресурсов и видов деятельности, которые лучше соответствуют интересам, потребностям и стилю обучения их учеников. "Как правило, творческие учителя не привязываются к какому-то конкретному методу, а используют подход, который называется эклектикой. Другими словами, они выбирают методы и процедуры не наугад, а в соответствии с потребностями своего класса" (J.C Richard.2013.11). Творческие учителя, как эффективные преподаватели, решают, какую методику, подход или деятельность использовать в зависимости от целей урока и учащихся в классе. По мнению Риверса (Rivers, 1981.54), эклектический подход позволяет учителям языка впитывать лучшие приемы всех известных методов преподавания языка в свои классные процедуры, используя их в тех целях, для которых они наиболее подходят. В качестве иллюстрации можно сказать, что учителя, у которых есть ученики с разными потребностями и стилями обучения, не могут использовать только одну методику для более эффективного преподавания; они используют различные методы обучения, то есть применяют все, что может быть полезным и эффективным для всех отдельных учеников. Например, на одном уроке учитель может использовать расслабляющую музыку, чтобы увлечь учеников определенным видом деятельности (суггестопедия); применить методику Total Physical Response, чтобы заставить учеников учить лексику, выполняя задания; использовать упражнения как эффективную технику, чтобы заставить учеников практиковать целевой язык в коммуникативном плане, и т. д. Все это лишь некоторые из приемов и принципов различных методов обучения. Творческий учитель - это тот, кто может эффективно использовать их в эклектичной манере в зависимости от целей урока, потребностей, предпочтений и стилей обучения учащихся, принимая во внимание контекст и наличие/отсутствие учебных материалов и пособий.

Е. Мероприятия, проводимые творческими преподавателями

Творческое преподавание подразумевает оценку мероприятий и материалов с точки зрения их потенциала и эффективности для поддержки творческого преподавания. Однако значительное исследование выявило ряд аспектов творческой деятельности. Считается, что они предполагают решение проблем открытого характера, адаптируются к способностям учащихся и выполняются в условиях ограничений (Burton, 2010 & Lubart, 1994). Домей (Domyei, 2001) назвал десять признаков продуктивной деятельности по изучению языка:

- **Вызов:** Деятельность, в ходе которой учащиеся решают проблемы, открывают что-то новое, преодолевают препятствия и находят информацию.

- **Интересный контент:** Темы, которые ученики уже считают интересными и хотят читать о них вне занятий, например, рассказы о спорте и развлечениях на YouTube и в Интернете.

- **Личностный элемент:** Деятельность, которая связана с жизнью и проблемами учащихся.

- **Элемент новизны:** Аспекты деятельности, которые являются новыми и отличными от других или совершенно неожиданными, вызывающими у студентов любопытство.

- **Интригующий элемент:** Деятельность, связанная с неоднозначными, проблематичными, парадоксальными, противоречивыми, противоречивыми или несочетаемыми материалами, а также деятельность, стимулирующая любопытство.

- **Индивидуальный выбор:** Виды деятельности, которые предоставляют учащимся возможность личного выбора. Например, они могут сами выбирать темы для эссе или темы и членов группы в ходе дискуссии.

- **Мероприятия, поощряющие риск:** Учителя не хотят, чтобы их ученики

13

были запуганы и не желали принимать участие в мероприятиях. Учителя должны стимулировать учеников к участию в любой деятельности в классе, независимо от их уровня. Например, учитель может побудить учеников начальной школы сотрудничать и работать над определенным проектом, например, над школьным журналом, который кажется сложным и не по силам ученикам начальной школы.

■ **Мероприятия, побуждающие к оригинальным мыслям:** Вместо вопросов на понимание после прочтения отрывка, которые проверяют память, творческие учителя стремятся использовать задания, которые поощряют личный и индивидуальный отклик на прочитанное учеником.

■ **Элемент "Фантазия":** Деятельность, которая задействует фантазию учащихся и предлагает им использовать свое воображение для создания историй, отождествления себя с вымышленными персонажами или разыгрывания воображаемых ситуаций.

■ **Заключение**

В этой главе была предпринята попытка обсудить основные теоретические аспекты, вокруг которых вращается исследование. В ней была предпринята попытка дать определение и раскрыть термин "креативность" в целом и "креативные учителя" в частности. Также была предпринята попытка охватить восемь основных аспектов, характеризующих творческих учителей, по мнению Дж.К. Ричарда. Затем попытались выяснить, как творческие учителя используют свои методы и подходы к преподаванию, в основном уделяя внимание эклектизму как подходу, часто используемому ими. И наконец, в статье приведены основные характеристики продуктивной деятельности по изучению языка, которые рассматривает Дорней (2001).

ГЛАВА 2

Методология

■ Введение

Цель данной главы - представить методологию, принятую в данном исследовании, сосредоточившись на процедурах сбора и анализа данных. В первом разделе, посвященном процедурам сбора данных, я представлю и объясню исследовательский подход, который был использован в данном исследовании. Также будут подробно описаны инструменты сбора данных и процедуры выборки с обоснованием каждого выбора. Затем я выделю и опишу основные переменные данного исследования. В следующем разделе будут представлены процедуры анализа данных с акцентом на инструменты, использованные при анализе собранных данных.

А. Процедуры сбора данных:

❖ Вопросы исследования

Цель настоящего исследования - поставить, изучить и ответить на следующие исследовательские вопросы:

❖ Влияют ли творческие учителя EFL на успеваемость своих учеников в марокканских средних школах?

❖ Какие приемы, методы, виды деятельности и стратегии используют творческие преподаватели EFL в марокканских средних школах?

■ **Гипотеза исследования**

В соответствии с предыдущими вопросами исследования, данное исследование построено на предположении, что творческий потенциал учителей и методы, приемы и методики обучения

Мероприятия, используемые творческими преподавателями EFL, повышают результаты обучения студентов в марокканских средних школах.

■ **Исследовательский подход**

Для того чтобы ответить на предыдущие вопросы исследования и подтвердить или опровергнуть выдвинутую гипотезу, в настоящем исследовании использовался дизайн смешанных методов. Этот подход "фокусируется на сборе, анализе и смешивании количественных и качественных данных в рамках одного исследования или серии исследований". Его главная предпосылка заключается в том, что использование количественных и качественных подходов в сочетании обеспечивает лучшее понимание проблем исследования, чем любой из подходов в отдельности" Creswell, J. W., & Plano Clark V. L. (2011). Таким образом, применительно к данному исследованию смешанный метод будет наилучшим подходом для подтверждения или опровержения эффективности творческих учителей и используемых ими методов, приемов и видов деятельности в марокканских средних школах путем сбора и анализа как качественных, так и количественных данных.

- **Инструменты для сбора данных:**

Поскольку принятый подход к исследованию является качественным, основными инструментами исследования, которые будут использоваться при сборе данных, являются контрольный список, документы, а также ответы на прямые вопросы.

> *Контрольный список наблюдений:*

Контрольный список наблюдений - это инструмент сбора качественных данных, который часто используется в исследованиях. Он содержит список утверждений, на которые наблюдатель должен обратить внимание при наблюдении за поведением наблюдаемого. В данном исследовании был использован один контрольный список для наблюдения за креативностью выбранных учителей средней школы. Используемый контрольный список содержит двадцать шесть утверждений, характеризующих творческих учителей в классе как независимую переменную в данном исследовании. Причина выбора этого контрольного списка в качестве основного инструмента сбора данных заключается в том, что он позволяет исследователю наблюдать за отдельными людьми или большой группой, тщательно концентрируясь на конкретных аспектах.

> *Документы:*

Что касается достижений студентов, то оценки студентов использовались в качестве инструмента для подтверждения или опровержения гипотезы настоящего исследования. Другими словами, оценки каждого ученика использовались (в качестве доказательства) для подтверждения или опровержения того, что креативность или некреативность выбранных учителей EFL положительно влияет на успеваемость учеников марокканских средних школ.

> *Анкета:*

Анкета - это одновременно качественный и количественный инструмент сбора данных, который широко используется в исследованиях. Она состоит из "набора вопросов по теме или группе тем, на которые должен ответить респондент" (Richard & Schmidt, 2010, p. 478). Он также может использоваться для количественной оценки и измерения частот, установок, мнений, интересов и ценностей. В настоящем исследовании для учителей была использована одна анкета. Причина выбора анкеты в качестве инструмента сбора данных заключается в том, что она позволяет исследователю легко оценивать и получать информацию от больших групп.

■ **Популяционная выборка**

Выборка данного исследования состоит из учителей средней школы и их учеников из двух разных городов Марокко: *Рабат* и *Аит-Баха*. Среди учителей старших классов - те, кто преподает английский язык как иностранный в марокканских государственных средних школах более шести лет. При отборе учителей использовался метод удобной выборки. Этот метод используется,

19

когда исследователь выбирает только тех участников, которые, по его мнению, подходят для его/ее исследования, хотя их может быть много. Таким образом, удобная выборка была использована в качестве метода отбора подходящих и доступных учителей и их учеников.

- ■ **Исследовательские переменные:**

Как и в любом другом исследовании, в данном исследовании действуют две переменные: независимая и зависимая. Независимая переменная включает в себя креативность учителей в марокканских средних школах, а зависимая переменная - успеваемость учащихся. Предположение, лежащее в основе такого разделения, заключается в том, что креативность учителя с большей вероятностью повлияет на успеваемость учащихся марокканских средних школ.

B. Процедуры анализа данных:

■ Инструменты и процедуры анализа данных:

> *Данные контрольного списка:*

В данном исследовании для сбора данных использовались три основных инструмента: контрольный список наблюдений, документы, содержащие оценки учеников каждого наблюдаемого учителя, и анкета, содержащая открытые вопросы о методах, приемах и видах деятельности, используемых творческими учителями в марокканских средних школах. Контрольный список включает двадцать шесть пунктов, которые учитывались при наблюдении за учителями, попавшими в выборку. Для оценки креативности учителей EFL данные, полученные из контрольного списка, подсчитывались в зависимости от того, на сколько пунктов ответил учитель. Чем на большее количество пунктов ответил учитель, тем более креативным он считается. В процессе анализа данных контрольного списка использовались два программных обеспечения: SPSS Statistics для расчета общего показателя креативности каждого учителя по контрольному списку и Microsoft Excel для сравнения уровня или степени креативности отобранных учителей.

> *Документы (отчеты об успеваемости учащихся)*

В процессе анализа оценок учащихся использовалась программа Microsoft Excel, которая позволяет пользователям организовывать, форматировать и вычислять данные с помощью формул, используя систему электронных таблиц, чтобы вывести среднюю оценку учащихся каждого наблюдаемого учителя. Таким образом, этот процесс позволил получить среднее значение, сопоставимое с уровнем или степенью креативности каждого учителя, чтобы подтвердить или опровергнуть гипотезу настоящего исследования.

> *Анкета (открытые вопросы)*

Анкета, использованная в настоящем исследовании, предназначена для выяснения отношения и мнения отобранных учителей о методах обучения, приемах и видах деятельности, которые они используют в своих классах. Она включает открытые вопросы, а также общую информацию о выбранных учителях EFL (пол, школа и стаж преподавания). Ответы учителей на открытые вопросы были проанализированы в описательной форме с целью выявления общих методов, приемов и видов деятельности, используемых отобранными творческими учителями.

■ Заключение

В этой главе была предпринята попытка представить методологию, использованную в данном исследовании. Во-первых, я попытался представить процедуры сбора данных, включая исследовательский подход, инструменты/средства сбора данных, процедуры выборки, а также краткую идентификацию и описание основных переменных данного исследования. Наконец, были представлены процедуры анализа данных с акцентом на инструменты, использованные при анализе собранных данных.

ГЛАВА 3

Результаты и обсуждение

■ **Введение:**

Данная глава посвящена анализу и обсуждению данных, собранных с помощью контрольного списка наблюдений и оценок студентов, которые подтвердят или опровергнут влияние креативности преподавателей на успеваемость их учеников. Кроме того, будут определены и обсуждены общие виды деятельности, методы и приемы, используемые марокканскими творческими преподавателями EFL, в зависимости от данных, полученных из контрольного списка наблюдений и ответов преподавателей на открытые вопросы, включенные в анкету. Сначала анализ будет начат с анализа и обсуждения степени креативности каждого наблюдаемого учителя. Затем будет проведен анализ и сравнение влияния независимой переменной (креативность учителей) на зависимую переменную данного исследования (успеваемость учащихся) с целью подтверждения или опровержения гипотезы данного исследования. Наконец, последний раздел будет посвящен определению наиболее используемых видов деятельности, техник и методов марокканскими преподавателями EFL в соответствии с контрольным списком аудиторных наблюдений и ответами на некоторые открытые вопросы, заданные выборочным преподавателям.

A. **Степень креативности наблюдаемых преподавателей**

Первый раздел анализа будет посвящен степени креативности каждого наблюдаемого учителя. Степень креативности сначала подсчитывалась с помощью программы SPSS Statistics, которая преобразовывала и подсчитывала общее значение креативности каждого учителя в зависимости от того, на какое количество пунктов каждый учитель отвечал в ходе исследования.

Наблюдается. Следующий график показывает и сравнивает степень креативности всех отобранных учителей:

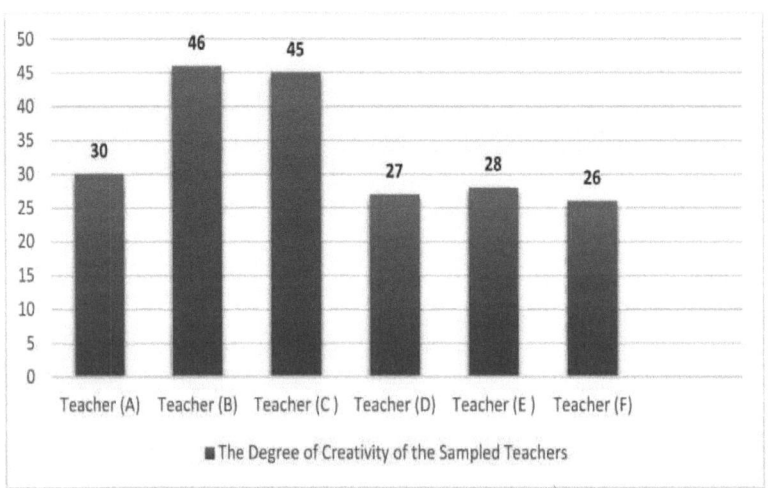

Рисунок 1. Степень креативности отобранных учителей

Как видно из приведенного выше графика, у отобранных учителей разные уровни и/или степени креативности. Учитель (В) достиг 46 степени креативности, а учитель (С) - 45 степени. Таким образом, мы можем считать этих двух учителей самыми креативными в данном исследовании. Два наименее

24

творческих учителя достигли 26 степени для учителя (F) и 27 степени для учителя (D) в их творчестве. Таким образом, мы можем считать последних наименее творческими учителями по сравнению с другими учителями.

B. Творчество учителей и успеваемость учащихся

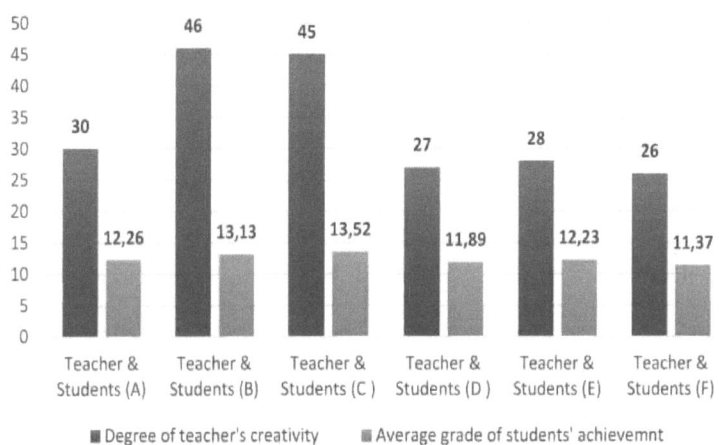

Рисунок 2. Творчество преподавателей и успеваемость студентов.

Как видно из приведенного графика, между средними оценками всех учащихся, попавших в выборку, нет большой разницы. Ученики двух самых творческих учителей, учителя (B) и учителя (C), считаются учениками с самыми высокими средними оценками. Ученики учителя B имеют средний балл 13,13, а ученики учителя C - 13,52. Таким образом, это подтверждает влияние креативности преподавателей на успеваемость их учеников. С другой стороны, ученики двух наименее творческих учителей, учителя (D) и учителя (F), имеют средний балл 11,89 и 11,37. Таким образом, мы можем подтвердить, что наименее творческие учителя оказывают негативное влияние на успеваемость своих учеников.

C. Общие методы, приемы и виды деятельности, используемые творческими педагогами

Этот раздел анализа посвящен методам, приемам и видам деятельности, используемым наиболее творческими учителями в соответствии с выборкой данного исследования. В частности, акцент будет сделан на методах, приемах и способах преподавания, используемых учителем (B) и учителем (C) на своих уроках, на основе контрольного списка, использованного во время наблюдения, а также на некоторых их ответах на вопросы об используемых ими методах преподавания.

> **Методы**

Что касается методов, используемых двумя творческими учителями, то оба преподавателя, (B) и (C), доказали, что они используют эклектичный выбор методов обучения на своих уроках. Например, учитель (C) использует различные методы обучения при преподавании грамматики. На первом занятии, которое я наблюдал, он использовал метод PОНE для обучения относительным местоимениям, который показался успешным, поскольку студенты поняли урок индуктивным способом. Согласно ответу преподавателя (C) на открытый вопрос о том, как он использует эклектичный выбор методов, он сказал:

"Например, грамматику я обычно стараюсь преподавать индуктивно, но иногда использую дедуктивное обучение, чтобы донести информацию до студентов, которые учатся по правилам. Это помогает учитывать различные стили обучения. Я привожу задания, тексты или дизайн-проекты, где учащиеся могут экспериментировать с новыми языковыми материалами в аутентичных ситуациях. И в основном я фокусируюсь на преподавании грамматики в коммуникативных ситуациях".

Из приведенного ниже ответа можно сделать вывод, что, хотя творческие преподаватели EFL должны следовать заданиям и инструкциям, предложенным в учебнике, они используют различные методы обучения, чтобы обучать отдельных учеников, и адаптируют задания и инструкции учебника в соответствии со стилем обучения, потребностями и предпочтениями своих учеников.

Учитель (В) ответил на тот же вопрос следующим образом:

"На самом деле, эклектичность и избирательность зависят от вашей способности к адаптации и освоению. Как только вы убедитесь, что не все методы удобны для вашего преподавания, вы начнете искать альтернативы и новые способы обучения. Здесь вы можете спросить у своих опытных коллег или даже у своих студентов, что им понравилось, а что нет. В первую очередь вы должны адаптироваться к нуждам и потребностям своих студентов, а затем - к характеру вашего курса".

Учитель (С) утверждает, что эклектичность учителя зависит от его способности адаптировать методы и виды преподавания, а также выбирать альтернативные и новые способы преподавания, которые кажутся ему удобными. В целом, преподаватель должен быть не только избирательным и эклектичным, но и творческим, чтобы адаптировать учебную деятельность и методы преподавания к нуждам и потребностям студентов, а также к характеру курса.

> **Техника:**

Наблюдая за двумя самыми творческими учителями в этом исследовании, я заметила, что оба выбранных творческих учителя используют ряд приемов, которые делают их преподавание более эффективным. Например, учитель (В) показал, что у него близкие отношения со своими учениками. Это помогло ему создать атмосферу, свободную от тревоги, в которой ученикам нравится учиться в комфортной обстановке. Кроме того, студенты были уверены в себе и верили в свои возможности учиться и развиваться лингвистически, интеллектуально и умело. Кроме того, преподаватель (В) предлагал сложные темы и сложные учебные ситуации, чтобы помочь студентам использовать свое критическое и творческое мышление. Преподаватель (С), с другой стороны, использовал наряду с вышеперечисленными методами некоторые очень эффективные приемы, которые помогали его студентам оставаться сосредоточенными и наслаждаться процессом обучения в хорошо структурированной и коммуникативной среде. Кроме того, было заметно взаимодействие и общение лицом к лицу как средство развития навыков студентов. Он обычно задавал открытые вопросы, требующие навыков мышления высокого порядка, и предлагал студентам подумать и выразить свое мнение в коммуникативной форме.

Ниже перечислены методы преподавания, которые обычно используют учитель

(В) и учитель (С) в своих классах:

- ■ Переформулируйте инструкции разными способами.
- ■ Задавайте открытые вопросы.
- ■ Связь актуальных тем с реальным опытом студентов.
- ■ Использование разнообразных учебных материалов, позволяющих активно вовлекать студентов в процесс обучения.
- ■ Использование очного взаимодействия и общения как средства развития навыков студентов.
- ■ Постановка вопросов, требующих навыков мышления более высокого порядка.
- ■ Использование примеров из реальной жизни, чтобы помочь студентам понять.
- ■ Повышение уверенности студентов в себе.
- ■ Использование различных структур совместной работы.

> **Деятельность:**

По моим наблюдениям, а также по ответам учителей, участвовавших в выборке, два самых творческих учителя в этом исследовании проводят на своих уроках множество интересных и увлекательных занятий. Наряду с адаптированными заданиями и упражнениями из учебников они используют различные виды деятельности, направленные на развитие различных языковых элементов и навыков. Однако два наиболее творческих учителя, за которыми я наблюдала в течение четырех занятий в их классах, эффективно использовали разминочные упражнения, причем не только для того, чтобы мотивировать учащихся к участию в учебном процессе, но и для того, чтобы активизировать их схемы и ввести в тему урока в приятной и увлекательной форме. В этой связи учитель (В) сказал:

"Я считаю, что разминка служит многим целям. Я использую их в начале урока, чтобы разбудить сонных учеников, активизировать схему забывчивых (new coining) или ввести тему урока. Я использую их в середине, чтобы попытаться закрепить то, что было сделано ранее, и дать ученикам немного пространства, чтобы отдохнуть и отдышаться, а иногда я использую эти разминочные упражнения в конце для того, чтобы они полюбили предмет и спешили вернуться снова".

Два самых творческих преподавателя в этом исследовании назвали очень интересные виды деятельности, которые, по их мнению, должны использоваться на каждом уроке EFL для развития различных навыков. Среди них:

Common activities used by the teacher (B) & (C)
▪ Individual activities.
▪ Collective activities.
▪ Short dialogues acting.
▪ Singing 2 minutes' songs.
▪ Project-work activities.
▪ Research-based activities.
▪ Competency-based activities.
▪ Grammar/Vocabulary-focused activities.
▪ Communicative activities.
▪ Interviewing activities.
▪ Activities that arouse students' curiosity to learn more about new things.
▪ Activities that demands higher order thinking skills.
▪ Writing something on the board and then explaining it.
▪ Forum discussions
▪ Skype sessions

■ Заключение:

Эта глава посвящена анализу данных, полученных с помощью контрольного списка наблюдений и анкеты. Она началась с изучения степени и/или уровня креативности каждого наблюдаемого учителя; затем был проведен анализ и сравнение уровня креативности учителей со средними оценками их

30

учеников. Таким образом, гипотеза данного исследования может быть подтверждена или опровергнута. Также были определены и обсуждены общие методы, приемы и виды деятельности, используемые наиболее творческими учителями в данном исследовании, на основе данных, полученных как из контрольного списка наблюдений, так и из ответов учителей на открытые вопросы, включенные в анкету.

ГЛАВА 4

Заключение

A. Краткое изложение выводов

В настоящем исследовании предпринята попытка изучить влияние творческого потенциала учителей, а также воздействие используемых ими методов обучения, приемов и мероприятий на успеваемость учащихся в марокканских средних школах. Работа началась с введения в исследование, в котором были определены проблема, цель, вопросы, гипотеза, обоснование, а также организация исследования. Следующая глава состоит из обзора литературы, в котором обсуждаются основные теоретические концепции, имеющие отношение к исследованию. Третья глава была посвящена методологии исследования, в которой были описаны процедуры сбора и анализа данных. Затем в четвертой главе был проведен анализ и обсуждение собранных данных. Далее следует краткое изложение основных выводов:

❖ Марокканские творческие преподаватели EFL могут положительно влиять на успеваемость своих студентов.

❖ Творчески мыслящие учителя разнообразят методы обучения и виды деятельности, которые они используют на уроках, в зависимости от потребностей, стилей обучения и интересов своих учеников.

❖ Марокканские творческие преподаватели EFL используют эклектичный выбор методов обучения в зависимости от потребностей и запросов студентов, а также от типа урока и/или навыков, на которые делается упор.

❖ Марокканские творческие преподаватели EFL используют множество эффективных приемов, чтобы создать подходящую учебную среду для своих студентов и провести эффективные и успешные уроки.

❖ Марокканские творческие преподаватели EFL используют различные виды деятельности для развития различных навыков.

❖ Отсутствие и недоступность основных учебных материалов ограничивает уровень творческого потенциала преподавателей.

B. Заключение

Большинство приведенных выше результатов подтверждают гипотезу, выдвинутую в данном исследовании. Во-первых, о том, что марокканские творческие преподаватели EFL могут оказывать положительное влияние на успеваемость своих студентов, свидетельствуют статистические данные, приведенные в предыдущей главе. Во-вторых, тот факт, что хотя марокканские преподаватели EFL должны следовать инструкциям и заданиям учебника, они используют свой творческий потенциал для выбора подходящих заданий и адаптации заданий учебника для достижения целей урока. Это подтверждается общими ответами всех опрошенных учителей, которые утверждали, что все они адаптируют учебник. Более того, второй аспект гипотезы, который гласит, что различные методы обучения, виды деятельности и техники, используемые марокканскими преподавателями EFL, влияют на успеваемость студентов, верен на основании наблюдений, проведенных во время сбора данных, статистических выводов, а также ответов преподавателей на открытые вопросы, включенные в анкету.

C. Рекомендации

Основываясь на результатах данного исследования, марокканским преподавателям EFL настоятельно рекомендуется делать все возможное, чтобы максимально использовать творческий потенциал на своих уроках, несмотря на нехватку учебных материалов, особенно в государственных средних школах. Более того, несмотря на то, что марокканские учителя EFL должны следовать инструкциям и заданиям учебника, они могут использовать свои творческие способности, чтобы адаптировать задания и подход, принятый для повышения успеваемости учащихся. Поскольку творчество - это придумывание чего-то нового и оригинального, марокканским учителям средних школ предлагается придумать новые методы преподавания, подходы, приемы, а также виды деятельности, которые могут лучше соответствовать образовательной ситуации в Марокко. В следующем списке приведены дополнительные рекомендации для преподавателей EFL в Марокко:

❖ Марокканским преподавателям EFL предлагается для дальнейшего эффективного и творческого обучения использовать различные структуры кооперативного обучения на своих занятиях, чтобы студенты могли совместно конструировать знания и развивать некоторые навыки критического мышления.

❖ Поскольку учащиеся старшей школы - это в основном подростки или молодые люди, то проектная деятельность в обучении, безусловно, является подходящим видом деятельности, помогающим учащимся развивать различные навыки, такие как исследование, решение проблем, творчество, сотрудничество, а также чувство ответственности, которое, несомненно, понадобится им в их будущей академической и профессиональной жизни.

❖ Марокканские преподаватели EFL должны использовать эффективные и творческие методы, чтобы вовлечь в процесс обучения всех учеников, как высоко-, так и низкоуспевающих.

❖ Марокканским преподавателям EFL настоятельно рекомендуется общаться и сотрудничать с другими преподавателями EFL, чтобы развиваться профессионально и учиться на опыте и представлениях друг друга, чтобы предлагать новые идеи обучения, которые могут способствовать развитию профессии ELT.

D. Педагогические последствия:

Результаты данного исследования имеют определенные педагогические последствия для преподавания английского языка в Марокко. Изучение креативности марокканских преподавателей EFL может помочь преподавателям ELT в Марокко определить свои слабые стороны в обучении и повысить их креативность, а также выбрать и применить методы обучения, приемы и виды деятельности для эффективного и творческого преподавания. Кроме того, результаты данного исследования будут полезны преподавателям ELT, которые хотят помочь обучающимся или студентам достичь приемлемого уровня креативности в их будущем преподавании.

E. Ограничения

Как и любое другое исследование, настоящее исследование столкнулось со многими ограничениями. Прежде всего, в отношении сбора данных, возникли трудности на местах, связанные с невозможностью найти достаточное количество учителей и получить согласие администрации школ на наблюдение за учителями EFL в их классах. Кроме того, некоторые учителя не согласились предоставить отчеты об оценках своих учеников в качестве инструмента для ответа на вопросы исследования. Это оправдывает небольшое количество учителей, использованных в данном исследовании.

F. Предложения по дальнейшим исследованиям.

В свете предыдущих выводов и ограничений, с которыми столкнулось данное исследование, практикам, стажерам и студентам ELT предлагается провести дальнейшие исследования в следующих областях:

❖ Предлагается провести масштабное исследование, охватывающее различные уровни (начальное, среднее и высшее образование), чтобы изучить влияние творческих преподавателей на успеваемость их студентов.

❖ Как творческие учителя могут стимулировать творчество своих учеников?

❖ Факторы, ограничивающие творческий потенциал учителей в адаптации доступных им учебных материалов.

Библиография

- Стернберг и Роберт Дж. (1999). *Справочник по креативности.* Кембриджское университетское издательство
- Фишер, Роберт. (2004). Что такое творчество? *Unlocking Creativity: Teaching Across the Curriculum.* Нью-Йорк: Routledge
- Khany & Boghayeri. (2014). Насколько креативны иранские преподаватели EFL? Австралийский журнал педагогического образования. Том 39. Выпуск 10
- Джек. C Richard. (2013). Творчество в преподавании языка. Университет Гонконга.
- Риверс, (1981). Обучение навыкам иностранного языка. США: Издательство Чикагского университета
- Дорней, Золтан. (2001). *Motivational Strategies in theLanguage Classroom.* Кембридж, Великобритания: Издательство Кембриджского университета

Приложение

Контрольный список наблюдений

	Yes	No
The teacher has a close rapport with students.		
The teacher Is flexible in the class.		
The teacher is very encouraging		
The teacher is resourceful.		
The teacher tries to enhance student's self-confidence to set and achieve appropri. goals.		
The teacher is Eager to hear the students' perspectives on their learning and lets th choose their tasks.		
The teacher provides challenging topics and motivates students to think about the to, and express their critical views.		
The teacher reformulates the instructions in a different way.		
The teacher welcomes freedom and makes no limits to the students, but use firm con over the teaching process.		
The teacher associates the current topics to students' real life experiences for be learning to occur.		
The teacher makes use of an eclectic choice of teaching methods.		
The teacher provides complex learning situations to foster students' creative thinking.		
The teacher come up with diverse teaching materials that keep students actively invol in the learning process.		
The teacher adapts tasks according to his/her students leaning styles.		
The teacher uses a variety of activities that make students practice different skills.		
The teacher's tasks and activities help students develop their critical thinking skills.		
The teacher gives research- based activities to motivate them to explore new things.		
The teacher asks mainly open-ended questions.		
The teacher poses questions that require high order thinking skills by students.		
The teacher provides gap-based situations and gives students opportunity to solve t own problems.		
The teacher guides students to find new ways of learning, make predictions, and so problems		
The teacher uses face-to-face interaction and communication as means of develop students' proficiency.		
The teacher uses real life examples to make students understand.		
The teacher seeks to achieve learner-centered lessons.		
The teacher uses different cooperative working structures.		
The teacher implements new technological devices (ICT).		

Анкета для преподавателей

Эта анкета предназначена для сбора данных для научной работы. Его основная цель - определить **"Методы обучения, приемы и виды деятельности, используемые творческими преподавателями EFL в марокканских средних школах".**
Просим вас заполнить эту анкету.
Мы высоко ценим ваше участие, и ваши ответы будут использованы только в исследовательских целях.

❖ *Справочная информация:*

- Средняя школа: _____
- Пол: _____
- Годы опыта преподавания: _____

■ *Открытые вопросы:*

Как вы используете эклектичный выбор методов в своей преподавательской деятельности?

_____

_____

_____

Как творческий преподаватель EFL, какие методы обучения вы используете в своем классе, чтобы помочь своим студентам эффективно учиться?

_____

_____

Используете ли вы разминочные упражнения в своем классе? ДА НЕТ Если да, то с какой целью вы их используете?

_____

_____

_____

Какие виды деятельности вы используете в работе с отдельными учениками?

_____

_____

_____

_____

Как вы оцениваете и выбираете подходящие виды деятельности для своих уроков?

_____

_____

_____

_____

Переверните страницу, если требуется дополнительное место.

40

Printed by Books on Demand GmbH, Norderstedt / Germany